J'avais pensé envoyer des fleurs

J'avais pensé envoyer des fleurs

Les Libellules d'Ohrid
Lettre 1

Flore Avelin

Couverture : Benoît Crépin et Sébastien Poulmane

© 2015, Flore Avelin

Éditeur : BoD-Books on Demand, 12/14 rond-point des Champs Élysées, 75008 Paris, France

Impression : BoD-Books on Demand, Norderstedt, Allemagne

ISBN : 978-2-322-01758-4

Dépôt légal 1ère édition : août 2015
2ème édition : octobre 2018

À toi…

Non, ne t'énerve pas, on sait toutes les deux que ça ne s'est pas déroulé exactement comme ça…

Mais regarde !

Ça aurait fait une jolie histoire, tu ne penses pas ?

𝕸a très Chère,

Tout ce qui va suivre et que tu découvriras sur cette liasse de feuilles que je t'envoie, sache que j'aurais aimé l'écrire plus tôt. Pas juste l'écrire d'ailleurs, te l'écrire. Ou pourquoi pas, même, te le raconter de vive voix.

Il se trouve que j'ai manqué de courage. Tu peux être si intimidante, tu sais… Mais bien sûr que tu le sais. Et c'est pour cela que j'ai dû agir autrement. Je ne pouvais condamner plus longtemps au silence tous ces mots que j'ai finalement posés il y a peu…

Je ne te dis pas tout de suite à quelle occasion j'ai commencé à écrire cela : ça risquerait de t'énerver et gâcher ta lecture.

Je ne sais pas si nous aurons la possibilité d'en parler un jour. L'avenir et toi en déciderez…

Pour le moment, laisse-toi guider, replonge avec moi dans ces souvenirs. Là où tout a commencé, dans le cœur des Balkans où le mien est resté. Entre l'Albanie et le Monténégro.

Prends soin de toi et sois heureuse.
Souviens-toi.
N'oublie pas ; ne m'oublie pas.

D.

Il était une fois, une jeune femme qui s'était retirée dans un pays bien loin de chez elle, un pays où le soleil brillait presque chaque jour, dorant de mille éclats des paysages fabuleux.

Voilà comment aurait pu commencer cette histoire si nous avions été les héroïnes d'un conte de fées. Sauf qu'il n'y avait aucune princesse en détresse et encore moins de valeureux prince charmant. Que tu sois le genre de femme à te comporter comme une capricieuse princesse, je pouvais l'admettre, mais tu étais tout sauf en détresse. Alors, cette histoire se devait de commencer autrement. Elle débuta tout de même sous un soleil radieux…

C'était l'été, il faisait beau et chaud. Trop chaud. J'étais à approximativement deux-mille-cinq-cents kilomètres de chez moi et ça me paraissait encore bien trop peu.

Et évidemment, j'étais perdue.

Au beau milieu de nulle part. Là où personne ne s'aventure. Sauf toi, à priori. Parce que toi, tu étais là. Je me suis d'ailleurs demandé, à la seconde même où ton visage est passé dans mon champ de vision, ce que tu foutais là. Tu n'étais pas très grande, pas très musclée et tu étais habillée comme une citadine qui s'essaye au safari. J'ai tout de suite remarqué ta crinière brune par contre, chacune de tes boucles qui essayaient de s'échapper du bandeau kaki que tu avais placé pour les retenir captives.

Je t'aurais volontiers demandé ma route, mais toi non plus tu n'avais aucune idée de là où nous nous trouvions. Pourtant, tu n'étais pas perdue. Tu étais exactement là où tu le voulais. Parce que tu obtiens toujours ce que tu veux, pas vrai ? Et donc, ce que tu voulais, c'était t'offrir une aventure. Une aventure hors des sentiers battus. Pour sortir de ta vie terne et monotone de femme d'affaires coincée, ai-je pensé.

J'apprendrais plus tard que tu n'étais pas une femme d'affaires, mais de toute façon, je me moquais bien de ce que tu pouvais faire dans la vie.

Tu voulais donc tes quelques jours d'exaltation. Pour toi et parce que ça ferait sans doute bien à raconter lors d'un cocktail. L'escapade et les bivouacs, les kilomètres qui défilaient, les paysages à couper le souffle. Un récit de voyage à fermer le clapet à toutes les autres. Mais tu avais l'air d'espérer tout cela en te préservant un minimum de confort tout de même. J'avais ri en réalisant où nous étions tombées. Eh oui, ma jolie, je crois bien que pour une fois, tu n'allais pas avoir exactement ce que tu voulais... Il faudrait te contenter des paysages à couper le souffle. Ils étaient magnifiques, pas vrai ?

On voyait encore la mer de là où nous nous trouvions. Plus pour longtemps. On s'enfoncerait vite dans les terres, on prendrait la direction des plateaux. Mais pour l'instant, elle était là. Et elle était superbe. Comme sur ces brochures que tu devais aimer feuilleter quand tu rentrais du travail. Un beau bleu, soutenu, qui s'étalait à perte de vue. C'était quoi ta destination de rêve ? La Thaïlande ? Le Mexique ? Un tour du monde ? Avion ou bateau ?

Oh, non, moi, je ne les connaissais pas vraiment ces

prospectus, parce que j'étais fauchée, alors à quoi bon... D'ailleurs, si j'avais croisé ton chemin, ce n'était pas parce que j'avais volontairement voulu claquer toutes mes économies pour m'offrir un voyage à un prix indécent. Non. Disons plutôt que je fuyais. Quoi et pourquoi? Tu ne le sauras probablement jamais. Je t'accorde juste l'honnêteté de cet aveu : je n'ai jamais été douée pour trouver des solutions aux problèmes majeurs. J'avais donc pris l'habitude de fuir ceux qui semblaient être sur le point de me submerger. C'est une très mauvaise habitude, je le concède. Surtout quand la fuite se fait littéralement et implique alors quelques milliers de kilomètres. Quoi qu'il en soit, j'étais partie pour certaines raisons et tu étais ici pour d'autres. L'important était que tu étais là.

Tu venais d'arriver et il semblait désormais plus que probable que nous allions être contraintes à passer les prochains jours ensemble. Ce n'était pas que l'idée m'enchantât particulièrement, mais c'était ainsi, il faudrait faire avec.

Je me posai dans l'herbe, devant ma tente, et pris un bouquin. Il était plutôt pas mal, pourtant, je savais que pour le moment, je n'allais pas lire beaucoup. Je prenais soin de laisser ma main gauche t'en cacher la couverture. Cette couverture qui d'ailleurs ne collait pas tellement à l'histoire, mais indéniablement devait aider à vendre. Ce n'était pas que j'en avais honte, mais presque. L'image n'était pas loin d'être sulfureuse... Et puis, tu ne croyais tout de même pas que j'allais te laisser en apprendre aussi facilement sur moi alors que tu m'avais à peine dit bonjour.

Tu m'avais fait la bise, simplement parce que tu devais être bien élevée, je suppose, mais tu ne m'avais prêté aucune attention. Nos joues s'étaient frôlées, effleurées, et sans un mot, tu étais repartie à tes bagages.

Si tu veux mon avis, tu en avais trop… Tu avais l'air d'avoir autant de sacs, toi qui étais là pour dix jours, que moi pour mes deux mois.

Alors quoi ? C'était rassurant d'avoir tout ça à disposition ? Puis tu avais sorti ta tablette et cherché à voir si tu avais du réseau… Sérieusement ? Tu avais conscience de là où nous étions ? Je sais bien qu'il y a de plus en plus de zones couvertes, mais il y a des limites… Tu avais quoi à voir de si important ? Un mari à qui dire que tu étais bien arrivée ? Pourquoi ne pas être partie avec alors ? À moins que Monsieur ne soit trop occupé pour se le permettre ? Des enfants, peut-être ? À voir tes traits pincés, s'ils existaient, je n'aurais pas aimé être à leur place… Ne me dis pas que c'était pour le boulot quand même ?! Débranche ! Franchement, tu étais là pour quoi sinon ?

Voilà, ça y est, tu m'agaçais déjà. Je te connaissais depuis moins de trente minutes et j'avais déjà envie d'être débarrassée de toi ! Tu réalises que tu allais probablement me gâcher dix jours des cinq semaines qu'il me restait ?

Oui, j'aurais pu te lâcher, ne pas poursuivre avec toi, mais je l'ai déjà dit, j'étais perdue, alors je suivrais.

En écrivant cela, je réalise qu'un sentiment imprègne la page : celui que toi et moi étions seules. Ce n'était pourtant pas le cas. Je n'avais pas atterri juste avec une parfaite inconnue, j'avais rejoint cette parfaite inconnue, sa compagne de voyage et leur guide. C'était ce dernier qui m'était utile, c'était donc lui qui aurait dû me marquer, lui que j'aurais dû mentionner en premier. Si je ne le peux pas, c'est parce que je m'oblige à revivre sincèrement ces premiers jours. Moins d'une heure qu'on se connaissait et j'oubliais déjà les autres. Je suppose que ça aurait dû me mettre la puce à l'oreille, mais que veux-tu… Il n'y a pas plus aveugle que celui qui ne veut pas voir.

Je te regardai une dernière fraction de seconde, alors que tu t'acharnais à faire de ta tente un trois étoiles, puis je reportai mon attention sur mon bouquin.

Je connaissais ton nom désormais. J'avais entendu la femme qui voyageait avec toi le prononcer. Je ne te l'ai jamais dit, je crois, mais j'aime bien. À moins que ce ne soit toi qui m'aies fait apprendre à l'aimer. Je ne me souviens pas. C'est étrange ça d'ailleurs, je prête toujours attention aux prénoms, d'habitude.

Tiens, nous allons t'en choisir un autre, pour ici. Comme ça, tu n'auras peut-être pas envie de m'assassiner pour avoir ainsi étalé ta vie, tu en penses quoi ? Comme ça, si quelqu'un venait à faire le rapprochement, tu pourrais toujours nier plus facilement. Tu pourras même dire ne pas me connaître ! Que c'était une drôle de coïncidence ce voyage, cette attitude, ce portrait, mais que non, définitivement, rien de tout cela ne t'était arrivé.

Alors, voyons voir… Ce prénom, il me faut le choisir avec soin, il sera notre tribune, quelque chose me dit qu'il deviendra important. Disons, Catherine ?

C'est joli Catherine…

J'en ai connu une, il y a bien longtemps d'ailleurs… Et puis c'est le prénom de la séduisante enseignante dans Bloomington. Bloomington, c'est un film, mais non, ne cherche pas à t'en souvenir, je suis prête à parier que tu ne connais pas. Catherine Lazaridis. Ça te va ? Ce n'est pas comme si tu avais le choix de toute façon… Parce que c'est moi qui écris l'histoire, cette fois. Qui la réécris, seule. Et tu ne pourras rien changer. Tu ne pourras même pas te débattre pour te sauver. Mais fais-moi confiance, pour cette fois. Laisse-toi guider. Qui sait, ça pourrait ne pas être aussi désagréable que tu le penses…

J'en étais où déjà ? Ah, oui, c'est cela, désormais je connaissais ton prénom.

La fermeture éclair de ma tente coinçait un peu. Je me levais avec l'aube. J'étais la première debout. Vous, vous dormiez encore. Ce n'est pas que je n'avais plus sommeil, mais les premiers rayons du soleil qui venaient lécher la toile faisaient grimper trop vite la température. Je suffoquais là-dessous. Je ne sais pas comment vous faisiez pour le supporter. Pas que ce matin-là d'ailleurs, pour tous les jours qui suivraient, à croire que j'étais la seule à souffrir de la chaleur.

Mais ce n'était rien, j'avais pris l'habitude de me lever avant cinq heures. Je m'asseyais et contemplais le paysage. Le ciel un peu rose. La nature qui semblait se réveiller très lentement. Les autres matins, je regardais juste ce spectacle. Ce matin-là, je profitais aussi du silence. J'étais certaine que tu étais plutôt bruyante. Oh, je ne rêvais pas, il était peu probable que tu fasses bourdonner mes oreilles par ton bavardage incessant. Non, probablement que tu ne m'adresserais pas plus que la veille la parole. Mais tu n'étais pas seule. Et l'autre, celle qui était avec toi, si vous étiez venues ici ensemble, tu avais l'intention de lui parler tout de même.

Ou alors, tu allais parler à notre guide. Ah oui, j'imaginais bien cela. Tu ferais les comparaisons entre ce lieu et ceux de tes précédents voyages. Pas forcément pour le plaisir de discuter avec lui, mais parce qu'il n'y avait que nous ! Qui aurais-tu pu impressionner d'autre ?

Je te connaissais à peine, te trouvais pénible, et pourtant, je ne pensais déjà qu'à toi, alors que je venais tout juste d'émerger du monde des rêves. Bien sûr, nous n'étions que quatre, ça augmentait tes chances ; mais pas tout à fait… J'aurais pu avoir au moins une pensée pour ton amie, c'était quoi déjà son nom ? Viviane ? Mais ce n'était pas le cas. C'était comme si elle était invisible. Elle n'était pas Viviane, elle était la femme qui t'accompagnait. Reléguée au second plan.

J'avais bien pensé aller me baigner pour me rafraîchir, mais pour une raison qui m'échappait, je n'avais pas envie de manquer ton réveil. Quand tu écarterais la toile prune de la tente pour te faire une ouverture. Est-ce que tu aurais toujours ce petit sourire arrogant que j'avais découvert la veille ? Cet air si sûr de toi ? Ou bien est-ce que, comme le commun des mortels, tu aurais simplement l'air de quelqu'un tombant du lit, les cheveux en bataille et le regard vaguement hagard.

Deux heures plus tard, j'avais su que c'était un mélange des deux. Tu étais sortie en conquérante, mais tes cheveux, par leur enchevêtrement sans forme, m'indiquaient que tu étais tout de même humaine. C'était rassurant de savoir que je ne serais pas obligée de partager, dix jours durant, le quotidien d'un alien. Tu m'avais fait un signe de la main comme si tu découvrais mon existence et tu t'étais employée à faire chauffer de l'eau. Je savais que la mienne était encore bouillante, le gobelet de café que j'avais dans la main le confirmait. Je suppose que j'aurais pu t'en proposer un, mais j'étais certaine que dans la situation inverse, tu m'aurais laissée me débrouiller. Donc, j'avais fait de même. J'avais continué de siroter mon café en prenant soin de faire comme si tu n'existais pas, convaincue alors que tu ne méritais ni mon eau chaude ni mon attention. Sincèrement, je ne sais pas vraiment ce qui t'avait rendue instantanément aussi antipathique. Je pourrais bien dire que tout était de ta faute, mais ce ne serait pas honnête. Certes, ton arrogance et ta suffisance flirtaient très nettement avec la surface de ta peau, on ne peut le nier. Était-ce pour autant suffisant pour justifier une horripilation si immédiate ? Il me semble que non. Alors, peut-être, était-ce simplement mon instinct qui t'avait cernée mieux que je ne le pensais et qui tentait de m'éviter ce qui, irrémédiablement pourtant, allait suivre. Devrait suivre…

À neuf heures, nous étions partis. Nous ne nous parlerions pas de la journée. Nos trois véhicules se suivaient sur les routes sinueuses, la poussière volait, s'infiltrait par les vitres baissées. Le silence de l'habitacle répondait à chacune de mes pensées sur la raison de ma présence ici.

Tu roulais derrière moi, parfois, par hasard, il m'arrivait de t'apercevoir lors d'un regard lancé au rétroviseur. Mais nous étions trop espacées et ma conduite était trop saccadée pour que je puisse distinguer tes traits derrière le pare-brise.

La terre battue parfois, les pierres à d'autres

moments, la piste crissait sous les pneus. La chaleur du moteur faisait grimper sans relâche le mercure du thermomètre déjà bien trop haut à mon goût. Nous étions en plein soleil en plus... à un moment, j'y lus quarante-quatre degrés. Je me promis de ne plus y reposer les yeux.

Nous avions passé la journée sans nous arrêter ou presque. Juste quelques instants, histoire de se dégourdir les jambes, ou de se désaltérer, adossés à la portière. Nous étions loin de la mer désormais. D'immenses plateaux vides avaient remplacé la côte. À perte de vue, il n'y avait rien. Juste de l'herbe trop sèche à cause de la chaleur et des pierres. De temps à autre, un arbre un peu penché venait changer le décor. Le fait qu'il soit seul, là, là où aucun autre n'avait poussé modifiait la donne. À lui seul, il chamboulait le paysage. Parfois, nous traversions ce qui semblait être un village. Jamais plus de cinq maisons, quelques chèvres, un ou deux moutons et des enfants nous faisant signe depuis le bord de la piste. Évidemment, ici, trois véhicules, c'était l'attraction au moins du mois. Je notais le détail de leurs visages, les sourires qui montaient jusqu'aux yeux, dessinés par une joie simple, sincère et si précieuse. Je découvrais ce pays comme si je découvrais un autre monde. C'était différent de chez nous. De ce que je connaissais. Par rapport à nous, ces gens n'avaient absolument rien et pourtant la plupart semblaient infiniment plus heureux. Ces sourires qui m'éblouissaient, depuis combien de temps n'en avais-je pas arborés de vrais ? J'avais senti mes lèvres s'étirer en réponse. Peu m'importait puisque, désormais, je partageais cette douce allégresse communicative.

Et toi, à quoi songeais-tu en croisant leur route ? T'émerveillais-tu aussi de cette gaieté contagieuse ? Des étincelles dans les regards lorsque nous adressions aux enfants un signe de la main ? Ou bien te demandais-tu comment ils pouvaient vivre ainsi ? Toi qui râlais encore parce que tu n'avais toujours pas de réseau…

Nous nous assîmes autour d'un feu, le soir, et j'eus la certitude que tu étais une garce… Tu parlais de tous ces gens que nous avions croisés comme s'il s'agissait, au mieux d'animaux, sinon d'un simple décor de musée. Dans ta bouche, ils n'étaient que phénomènes de foire. Parfois, vaguement, tu évoquais des notions abstraites pour eux. J'avais vu la joie de vivre innocente, tu avais vu la pauvreté. Et alors que j'avais pensé que nous avions beaucoup à apprendre de ces populations, tu songeais qu'ils avaient besoin d'aide. Bientôt, les expressions « aides humanitaires » et « associations » avaient franchi tes lèvres. Elles l'avaient fait teintées de condescendance, colorées de cette fausse bienveillance que l'on retrouve parfois dans les milieux aisés, quand la cause ne touche pas forcément, mais qu'il est ressenti cet étrange besoin de se donner bonne conscience. Dis-moi, jolie Catherine, au moins réalisais-tu qu'ils étaient indéniablement plus heureux que toi ou moi, à l'heure actuelle ? Qu'ils riaient sûrement avec leurs familles en partageant un repas ? Tandis que nous, nous étions ici, chez eux, loin de chez nous pour d'obscures raisons, sans personne pour poser un regard aimant sur nous, sans même être capables de partager un café.

Devine qui aurait vraiment besoin de l'aide d'une association ?

Les jours se suivirent et se ressemblèrent. Si le paysage bougeait, toujours splendide, nous, les actrices, nous n'évoluions pas vraiment. Même ici, même loin, même seule, je sentais que je fuyais toujours. Je sentais que j'aurais pu aller au bout du monde que ça n'aurait rien changé. Parce que ce que je fuyais n'était pas seulement chez moi, une partie était aussi en moi. Où que j'aille, je serais là... Alors, je fuyais en vain.

Pour toi non plus, pas de grands changements. Tu étais toujours hautaine. Froide. Distante.

Ta mine déconfite chaque soir indiquait très clairement que tu ne tirais de ce voyage rien de ce que tu espérais. Tant pis pour toi, avais-je pensé. Ou bien fait... Tu me tapais sur les nerfs, un peu plus chaque jour. Parfois, tu peinais à nous suivre et moi, cruelle, il m'était arrivé de penser, à une ou deux reprises, que si tu abandonnais maintenant, ce ne serait pas plus mal. Oh, non, ne m'en veux pas pour cela, ne va pas me faire croire que tu m'as adorée au premier regard... À ton égard, je devenais aussi garce que toi. Chacune de tes phrases me hérissait le poil. Vraiment.

Le comble avait été dans ce monastère, je crois... Tu te souviens ? Il était au bord d'une route, au milieu de nulle part. Bâtiment blanc gracieusement posé dans un écrin de verdure. Nous redescendions des plateaux ce jour-là. Nous nous étions arrêtés pour le visiter. C'était un monastère orthodoxe, avec tout ce que le lieu a d'ostentatoire. Les peintures étaient magnifiques. Ce faste tranchait cruellement avec la pauvreté extérieure. Des religieux se recueillaient. Et toi, une fois de plus, tu t'étais imposée en ce lieu, sans gêne et sans retenue, troublant le silence par tes remarques lancées à vive voix. Bon sang, ce que tu pouvais être insupportable ! Je ne suis pas croyante, mais tout de même ! N'y a-t-il donc jamais un endroit où tu respectes les autres avant de céder à ce besoin de te faire remarquer ? Juste pour une fois, n'aurais-tu pas pu te taire ? Respecter le côté sacré ? Alors, j'avais tourné les talons. J'étais sortie dans les jardins, je m'étais assise sur un banc. J'avais focalisé mon attention sur les rosiers rose pâle, donné ma tendresse au chien sans doute plein de puces qui était venu se frotter contre mes jambes. Je te maudissais d'être toi.

Puis Viviane et toi étiez sorties, hilares. Vous veniez de vous faire virer avec fracas par les moines. Visiblement, ça t'amusait. N'aurais-tu pas au moins pu avoir la décence de te sentir gênée si ce n'était coupable ? Tu n'imagines même pas à quel point j'ai pu avoir envie de te gifler. Évidemment, je me suis retenue et je n'en ai rien laissé paraître... Et pourtant...

Quoi qu'il en soit, nous étions encore bloquées ensemble pour cinq jours. Nous devrions prendre notre mal en patience. Ce ne serait qu'un mauvais moment à passer. Cinq jours, ce n'était pas l'éternité. Même si, à tes côtés, ça semblait déjà beaucoup trop.

Et puis il y eut ce soir-là... Et dès lors, je regrettai presque d'avoir cessé de te détester. Nous nous étions installés au bord d'un lac, un peu après dix-sept heures, en nous accordant, pour une fois, le temps de préparer nos tentes et nos couchages avec soin. Notre guide nous avait annoncé que nous passerions deux jours dans ce lieu et je me délectais déjà de cette étendue d'eau face à nous. Le lac d'Ohrid, un des plus vieux lacs du monde, paraît-il, frontière naturelle entre l'Albanie et la Macédoine. Il m'avait instantanément séduite ; soit par son côté sauvage préservé, soit simplement parce que la fatigue de la journée appelait un bain délicieux. Plus que la rive macédonienne au loin, ce qui m'avait tout de suite marquée, c'était les libellules. Par dizaines, par centaines peut-être même, elles voletaient à la surface du lac. C'était un étrange ballet. Singulier et fascinant. Quelque chose de ce nuage mouvant, glissant aux rythmes de toutes ces ailes diaphanes, m'a profondément marquée. Depuis ce jour, chaque fois que j'aperçois une libellule, mon esprit revient ici, au bord de ce lac, à quelques mètres de toi par la même occasion. Je m'étais accordé un peu de temps pour admirer leurs vols avant de revenir à mes considérations aquatiques. Les libellules c'était une chose, mon bain en était une autre. J'avais supposé qu'elles et moi pourrions cohabiter le temps de quelques brasses et décidé d'aller nager. Par politesse, j'avais demandé si quelqu'un voulait m'accompagner, tu m'avais ignorée, une fois de plus, Viviane avait dit non. Je n'allais pas m'en plaindre, bien au contraire, je voulais être seule. Plus exactement, je préférais ma solitude à votre trop bruyante et envahissante compagnie. De la berge, je m'étais glissée dans l'eau tiède, lentement, savourant déjà l'instant. Un pas après l'autre, je m'étais immergée jusqu'à la taille, évitant mes compagnes d'ablution qui dansaient toujours à la surface, peu dérangées par ma présence. Quelques mouvements de brasse et je m'extrayais totalement de leur nuée. Je m'éloignais enfin du rivage. De vous, de toi. J'avais plongé sous la surface, retenant mon souffle aussi longtemps qu'il m'était permis de le faire, ondulant au plus proche du fond, sachant que je ne remonterais que lorsque mes poumons commenceraient à crier leur asphyxie. La plongée en apnée, lorsqu'elle est maîtrisée, peut-être si grisante et relaxante à la fois. J'avais nagé ainsi un bon moment, sans pour autant voir grand-chose des fonds marins, l'eau était trop trouble pour cela. Ce lac garderait ses secrets. Alors, j'étais remontée et j'avais repris doucement mon souffle. J'avais fini, va savoir pourquoi, par tourner la tête vers la rive. Tu étais là. En maillot de bain, debout et indécise sur ce qui, à une époque, avait sans doute été un ponton. Et tu m'avais souri. Un sourire éblouissant et bien plus doux que ce dont je te pensais capable. Soudainement, je manquais davantage d'air que la minute précédente.

Je n'avais pas pu m'empêcher de détailler ta silhouette. Elle était plus en courbes que ce que j'avais cru. Tu cachais toujours chacune de ces formes sous des vêtements amples, pourtant, elles étaient harmonieuses. Ton maillot de bain noir était de la forme la plus couvrante qui puisse exister. Entre nous, dis-moi, si tu l'avais pu, tu aurais presque porté une combinaison de plongée, non ?

Alors comme ça, tu complexais sur ton corps, avais-je supposé. La femme la plus froide et arrogante que j'aie rencontrée jusqu'à présent aurait-elle des faiblesses ?

Tu m'avais demandé si l'eau était froide et j'avais été tentée de te mentir. De te dire que oui, elle était glacée. Pour que tu fasses demi-tour, que tu repartes comme tu étais venue, sans troubler mon calme. Je n'avais pas la moindre envie de barboter seule avec toi... Mais je t'avais dit la vérité, admettant presque à regret que sa température était idéale. Et je t'avais regardée troubler la surface de l'onde en t'y glissant doucement. J'avais remarqué le léger frisson qui te parcourait avant même que tu ne prennes la peine de te plaindre.

— Elle est fraiche, tout de même ! avais-tu lancé.

J'avais laissé un soupir s'étrangler dans ma gorge. N'es-tu donc vraiment jamais satisfaite ?

Tu avais fait quelques mouvements jusqu'à me rejoindre. Il n'y avait plus que ton visage et tes épaules qui ne m'étaient pas dissimulés par l'eau. J'eus le temps de remarquer qu'elles étaient magnifiques. Une courbe douce et régulière, le soleil qui nous éclairait les laissait deviner satinées. Mon pouls s'accéléra lorsque je pensai que de la nuque à leurs extrémités, elles invitaient aux baisers. Je m'imaginais parfaitement t'embrasser au creux du cou. En cet instant. Plus douce que je ne l'avais jamais été et que je ne le serais jamais sans doute. Cette vision apparue devant mes paupières pourtant ouvertes me troubla horriblement. Comment en étais-je arrivée là si brutalement ? La seconde précédente, je te détestais et je ne rêvais encore que de me débarrasser de toi et désormais, j'avais envie de t'enlacer. Te toucher me semblait presque un besoin vital. Ne te méprends pas, Catherine, je pense sincèrement que tu es une femme ravissante, mais ce n'était pas suffisant pour qu'une simple vision de toi en maillot de bain m'amène là aussi soudainement. Alors quoi ? Tu étais une dangereuse sorcière et tu venais de me lancer un sort ? Sincèrement, même maintenant, même quelques années plus tard, je n'ai toujours pas trouvé d'explications à ce qui m'avait fait basculer à cet instant-là. Pourtant, j'avais basculé. Je venais bel et bien de me laisser happer par quelque chose qui n'en finirait plus de me dépasser.

Tu étais toujours face à moi et tu attendais. Tu attendais quoi d'ailleurs ? Que je te parle ? Depuis cinq jours que nous n'existions pas l'une pour l'autre, pourquoi cela aurait-il dû être différent ce jour-là ? Tu compris que je n'étais pas décidée à parler et tu partis nager. Je fis de même sans pour autant parvenir à détacher mon regard de toi. Je me souviens parfaitement avoir essayé pourtant, j'effectuais mes mouvements de brasse mécaniquement en me disant qu'il n'y avait strictement aucune raison que mes yeux restent fixés sur ta silhouette qui s'éloignait un peu. Malgré cela, tu ne quittais ni mon champ de vision ni mes pensées.   Le temps s'écoula ainsi. Je ne sais pas combien de temps. Dix minutes peut-être ? Puis je décidai que j'en avais assez. À force de sentir mon cœur battre si vite et de ne regarder que toi, je finirais par risquer de me noyer. Comme je n'étais toujours pas certaine que tu prendrais la peine de me sauver, il ne me restait plus qu'à repartir. Ce fut ce que je fis. Je rejoignis le rivage et commençai à m'éloigner. J'aurais aimé pouvoir écrire que je l'avais fait d'un pas rapide, avec la conviction que les pensées qui venaient de m'assaillir ne se représenteraient plus jamais, mais ce ne serait qu'un énorme mensonge. Oh, mon pas avait été rapide, certes ! Pourtant, nulle conviction, juste la frayeur que je commençais à ressentir, celle que tu m'inspirais et qui gommait un peu de l'agacement. L'idée de te trouver séduisante au lieu d'horripilante ne me charmait pas le moins du monde. Puis, bien sûr, l'erreur impardonnable : il avait fallu que je me retourne. Je ne crois pas que tu l'aies remarqué, tu regardais ailleurs. Mon esprit avait photographié le tableau : l'étendue scintillante du lac, toi, moi, la nuée de libellules entre nous. Bien malgré moi, j'avais esquissé un sourire avant de retourner enfin là où je ne pourrais plus t'apercevoir.

Ce n'était pas un bivouac ce soir-là, c'était un camping. Enfin... Pour ici, c'était un camping. En France, il aurait sans doute manqué au moins deux douzaines de mises aux normes pour ouvrir. Mais dans tous les cas, ça signifiait un bâtiment avec une vraie douche. Ce fut là que je me réfugiai. Malheureusement, l'eau n'efface pas tout et voilà que je me retrouvais à t'imaginer venant me rejoindre. Non. En fait, je n'imaginais pas. Je l'espérais, c'était bien pire.

La nuit tomba et nous nous rejoignîmes tous au restaurant du camping pour dîner. Tu vins t'assoir juste à côté de moi et tu entamas la conversation. Il s'était passé quoi pour que tu prennes ainsi conscience de mon existence ? Ou alors l'eau de ce lac était-elle toxique ? Tu commandas du poisson et nous bavardâmes. Non. Soyons honnêtes, n'allons pas jusque-là. Tu parlas un peu d'un voyage en Mongolie et je bus tes paroles. Tu m'agaçais toujours. J'avais toujours l'impression que tu en faisais trop, mais désormais quelque chose me fascinait. J'avais conscience que ça n'aurait pas dû se produire, que tu n'aurais jamais dû me faire cet effet-là… Mais si les choses se présentaient ainsi, pouvais-je vraiment lutter ? Objectivement, je suppose que oui, j'aurais sans doute pu. Cependant, j'avais délibérément choisi de profiter de la torpeur qui nous gagnait.

La soirée me semblait incroyablement douce. Le ciel était dégagé et nous étions libres d'admirer chacune des constellations. C'est ce que nous avions fait d'ailleurs. Quand le silence était revenu, nous avions levé les yeux au ciel et contemplé.

Catherine, tu te souviens de ce que faisait Viviane ce soir-là ? De ce que racontait le guide ? J'ai beau chercher, je n'en garde aucun souvenir…

Le lendemain, il avait été convenu que nous ne bougerions pas. Journée repos. Visite de la ville de Pogradec, du marché, ou simplement rester ici à profiter du magnifique lac. J'avais choisi d'explorer un peu, ça aurait été dommage de ne pas découvrir les environs… Je m'étais mise en route avec vous, mais je me sentais incapable de passer plus d'une heure avec toi et Viviane.

Tiens, tu savais que notre guide pensait que vous étiez en couple ? Je sentais que j'aurais pu être jalouse presque, si ça avait été le cas. Mais je n'avais aucun souci à me faire sur ce sujet. Tu ne l'aimais pas, ça se voyait. Je n'étais même pas certaine que vous soyez amies en fait. Des connaissances, peut-être, mais rien de plus. On ne sentait pas la moindre affection entre vous. Et quand vous parliez d'une chose à priori faite ensemble, on avait même l'impression que vous ne racontiez pas la même histoire.

Je ne lui accordai de l'attention que ce jour-là. Elle était plus âgée que moi, que toi aussi. Et sans la moindre vanité, je peux affirmer que j'étais plus jolie qu'elle. J'étais presque certaine de l'avoir entendue te parler de son fils. Quoi qu'en pensât le guide, je ne la percevais pas comme une menace.

Je me mis à imaginer un peu. Alors, c'était quoi ta vie ? Qu'est-ce qui t'avait poussée à venir ici, si loin de chez toi, escortée de quelqu'un que tu n'appréciais même pas vraiment ? N'avais-tu réellement trouvé personne d'autre pour t'accompagner ? Même si tu étais une peste, tu n'en étais pas moins séduisante, pas un soupirant assez fou pour tenter sa chance ?

Et puis, Miss, tu m'avais tout l'air d'avoir un caractère bien trempé ! Il te faisait apparaître comme n'ayant peur de rien. Tu aurais pu voyager seule. Ça aurait ajouté du piment à ton futur récit, non ? Notre Lara Croft du monde réel, découvrant le monde en héroïne solitaire. Ou alors tu voulais que personne ne te perçoive ainsi ? Que personne ne puisse penser, comme je le faisais, que tu aurais pu être seule par manque de relations plutôt que par choix ? Si c'était cela, c'était dommage pour toi.

Mais je n'aimais pas être là, avec toi, moi. Prisonnière de ton regard brun que je croisais désormais par mégarde. Je voulais m'en extraire. Je voulais te haïr à nouveau plutôt que de te désirer. Je profitai d'un prétexte, d'une opportunité, et je te fuis. Je finirais d'arpenter ces rues bondées, seule. D'ailleurs, tu avais pensé quoi, toi, à mon sujet ? Tu l'avais remarqué que c'était la première fois que j'entreprenais ce genre de voyage ? Tu t'étais demandé ce que je faisais ici ? Ce qui m'avait poussée à m'échapper ? Je suppose que non. Que voyais-tu de ce qui ne te touchait pas ? Ou alors avais-tu pensé à cela, mais sans jamais rien en dire ? Tu caches bien ton jeu, si c'était le cas.

Mais ça n'avait pas d'importance. Parce que voilà, j'avais filé. Je ne verrais plus tes yeux de la journée. Ni tes épaules. Ni rien. J'allais retrouver ma lucidité.

Les femmes ne boivent pour ainsi dire jamais d'alcool ici. Malheureusement pour moi, ça se voyait très clairement que j'étais une touriste. C'était sans doute pour cela que le vendeur de cette étale m'avait proposé un verre. J'avais décliné, il avait insisté et je m'étais finalement dit que ça me remettrait peut-être les idées à l'endroit. Vois-tu ce que tu me faisais faire ? C'était une liqueur, mélangée à quelque chose qui semblait vaguement être du yaourt à la fraise et c'était… fort. Fort est le seul mot que je puisse trouver pour qualifier cette expérience.

Ça n'avait eu aucun effet sur mon esprit.

Ça m'avait juste brûlé la gorge, étourdie une fraction de seconde. Rien en comparaison à toi.

J'étais toujours perdue, je fuyais toujours, et en plus, allais-je vraiment devoir te fuir toi aussi ? Il ne s'agissait plus que de tenir quatre jours. Dans quatre jours, nous serions à Tirana. Nous nous séparerions et je mettrais le cap sur Athènes sans doute. Ou Corfou. J'avais envie de visiter le palais que s'était fait bâtir Sissi là-bas. Mais peu importait ma destination, le principal, c'était qu'elle serait loin de toi. C'était amusant n'est-ce pas ? Voilà presque une semaine que je décomptais les jours, attendant, impatiente, la fin du calvaire que tu me faisais vivre. Six jours, et deux raisons. Pour un même résultat.

Et toi ? Tu irais où ? Rentrerais-tu chez toi ? Où avais-tu encore une escapade de prévue ?

Je me demande si en te plongeant dans ces lignes, tu auras envie de répondre à certaines questions, ou juste de fuir toi aussi, loin. Loin de moi, et de faire comme si cela n'était pas arrivé. Comme si ce texte que tu lis était une nouvelle comme une autre. Comme si ce n'était pas tes lèvres, le fruit défendu de cette histoire…

Je ne savais pas où tu irais et je savais que je ne te le demanderais pas. J'étais presque certaine que je ne te demanderais rien. Parce que moins j'en saurais sur toi, moins tu serais réelle. Tu pourrais alors te contenter du rôle de la femme d'affaires un peu garce bien que séduisante que j'avais brièvement connue, le temps d'une escapade à travers l'Europe. À ce moment-là, cela me semblait la meilleure chose à faire : moins je t'accorderais d'importance et moins ce que j'étais susceptible de ressentir aurait d'impact. Tu m'insupportais, jolie Catherine, je ne pouvais pas me permettre de réellement craquer pour toi ! Tu comprends ?

Nous avions réussi à ne pas nous recroiser jusqu'au soir. Jusqu'au dîner. Tu avais pris place juste à côté de moi et tu avais commencé à parler, trop fort, comme d'habitude. Et parce que tu avais voulu me faire partager un point de vue, m'inclure dans cette conversation que je n'écoutais pas, tu avais eu un geste pour moi. Voilà que ta main se trouvait désormais sagement posée sur mon genou. Je m'étais sentie me figer à ton contact. Soudainement, j'aurais tout donné, tout abandonné pour que tes doigts ne quittent plus jamais ma peau.

Tu ne remarquas rien, toi, je suppose. Tu avais fait ce geste en toute innocence, juste pour capter l'attention. Enfin, je l'espère. Rassure-moi, Catherine, ce geste, tout comme les suivants, n'était bien rien d'autre que le fruit de ton comportement parfois trop tactile ou envahissant ? Tu n'aurais tout de même pas eu le vice de jouer avec moi pour flatter ton ego ?

Ta main se posa sur mon poignet, plus tard dans la soirée, et je m'agaçais alors de te voir ainsi envahir mon espace vital. Ce n'était pas que je n'aimais pas que tu me touches ainsi, ce qui ne me plaisait pas c'était que ce fût bien trop agréable.

J'en avais assez pourtant de suffoquer à chacun de tes assauts ingénus. Je ne sais plus quelle excuse j'avais trouvée, mais je m'étais éloignée. Te laissant à tes récits, retournant à mon bouquin. À la lumière de la lampe de camping qui serait responsable de la victoire des moustiques, je me remis à tourner les pages. Il me faudrait revenir de quelques lignes en arrière le lendemain ; j'avais beau lire les mots, ils n'arrivaient pas tous jusqu'à mon cerveau.

Je ne dissimulais plus la couverture. Qu'importe ce que tu apprendrais sur moi, qu'importe si tu jugeais, j'étais lasse. J'avais l'impression d'avoir perdu une bataille. J'avoue tout, Catherine, ce soir-là, tu aurais pu me demander n'importe quoi, j'aurais répondu ou je me serais exécutée.

Tu n'en profitas pas. Et quand tu partis enfin dormir, tu m'adressas un petit signe avant de disparaitre derrière la toile prune.

Avais-tu bien dormi ? Moi, pas vraiment. *« Sitôt que je te vois, la voix manque à mes lèvres, ma langue est enchaînée, une flamme subtile court dans toutes mes veines, les oreilles me tintent, une sueur froide m'inonde, tout mon corps frissonne, je deviens plus pâle que l'herbe flétrie, je demeure sans haleine, il semble que je suis près d'expirer. »*

C'est un fragment de : *A une femme aimée.* C'est de Sappho. Il a retraversé mon esprit cette nuit-là. Avec bien d'autres à vrai dire. Tiens d'ailleurs, d'un coup, je retrouvais mon envie d'écrire. Je l'avais abandonnée quelque temps plus tôt, tu sais. Écrire c'était en moi pourtant, c'était une partie importante de ma vie. Ça coulait en moi depuis toujours, ça me brûlait dans les veines. J'étais bien souvent hypnotisée par les mots, capable d'être là, avec des gens, sans pour autant être avec qui que ce soit. Des paroles, des verbes, du réel, rien ne m'atteignait. J'étais loin, ailleurs, dans ce monde que personne ne pouvait voir. Celui où je créais, où je réinventais chaque scène, chaque personnage. Je pouvais passer une journée entière à imaginer, voir et revoir une scène, jusqu'à ce que je m'en imprègne, jusqu'à ce que ça puisse me sembler réel. Puis, quand je rentrais enfin chez moi, je la posais sur le papier. Parfois, elle avait un lien avec d'autres, parfois elle était seule. Mais qu'importe, puisque c'était une jolie scène.

La première que j'ai vue se jouer ainsi, c'était il y a longtemps. Je l'ai vue et revue, j'ai pensé chaque phrase, au point de connaître par cœur le texte pour la décrire. À la virgule près. Mais je n'ai jamais osé la poser à l'encre celle-là.

Parce qu'elle était trop différente de toutes les autres. De toutes celles que j'avais lues aussi. Elle ne comportait aucun héros. Pas de prince charmant. Juste deux femmes... Je te laisse imaginer la suite...

Quoi ? Tu ne pensais tout de même pas être la première à m'avoir ainsi troublée ? Tu n'es pas jalouse au moins ? Parce que non, ma jolie, de mes souvenirs, je dirais qu'il y en a eu deux avant toi.

Il y avait cette prof de géographie... C'était la première. Toutes mes amies se pâmaient devant notre séduisant prof de maths. Je n'avais d'yeux que pour elle... Je ne savais pas quoi faire de cette différence. Je l'avais tue. Jusqu'à l'oublier, en fait. Jusqu'à me convaincre que ce n'était rien de plus qu'un délire d'ado. Je n'y repense que depuis que je te vois...

Puis plus tard, c'est amusant, tout le monde s'est toujours demandé ce que j'avais trouvé à ce séjour en Normandie. Ce logement pourri que nous avions et ce temps horrible. Qu'est-ce qui, de cela, avait bien pu me faire adorer ces vacances ? Personne n'en a jamais su la raison, mais c'était une charmante femme aux cheveux carmin. Une guide. Sans rire, je crois avoir visité plus de trucs lors de ce voyage que dans tous les autres réunis...

Voilà, tu sais tout. Enfin presque.

Entre elles et toi, il y a eu une différence immense. J'ai toujours nié ce que cela signifiait pour elles. Mais ce matin-là, en me levant, je savais que pour toi, c'était autre chose. Je n'avais plus aucune envie de lutter avec moi-même. Je n'allais pas me dire que c'était rien, que ça passerait. Parce que ça passerait peut-être, mais c'était quelque chose. Je n'avais pas honte. J'étais prête à le dire cette fois. Oui, j'avais un béguin. Un sérieux et problématique béguin. Et l'objet de toute mon attention était une femme.

L'air de rien, en vingt-quatre heures, tu m'avais fait apporter la vérité à presque sept ans de mensonges.

Ce ne fut pas le seul changement en me réveillant, ce matin-là. Désormais, je comptais autrement. Il ne me restait pas encore quatre jours à tenir. Il ne me restait plus que quatre minuscules journées avant que tu ne disparaisses de ma vie.

Parce que tu disparaitrais, c'était évident. Nous n'avions tissé aucun lien qui me permettrait d'avoir un prétexte pour garder contact avec toi. Je devais en profiter. Qui savait si un jour je retrouverais ailleurs ces délicieuses sensations.

Venaient-elles exclusivement de toi ? Du contexte aussi ? Notre solitude, ailleurs ? Mon état d'esprit ?

Je sus plus tard que c'était bien toi qui les faisais naître. Qu'importe le lieu, qu'importe mon humeur, il y a toujours une étincelle différente quand je te sais proche.

Ce jour-là, nous reprîmes la route, comme prévu. Je me mis à envier Viviane qui t'avait juste pour elle, seule avec toi dans l'intimité du véhicule. Je jetais bien trop souvent un coup d'œil derrière moi ; je vérifiais désormais que tout allait bien pour toi.

Oh, ne va pas croire que j'avais changé du tout au

tout. Tu m'agaçais toujours. Encore aujourd'hui. Comme personne d'autre n'arrive à le faire. Mais j'étais prête à m'en accommoder. Je pourrais supporter chacun de tes excès si tu venais à apprécier les miens. Ils n'étaient pas du même ordre, pas mus par les mêmes raisons, mais comme tu l'as bien vite remarqué, malgré tout, j'ai mon caractère.

La journée me sembla plus longue que les précédentes. L'attente entre les moments où nous descendrions des véhicules pour échanger quelques bribes, moins supportable.

J'avais envie d'être avec toi, tout le temps, pour tout, partout. Et dans nos visites désormais, je ne pouvais m'empêcher de te jeter des regards en biais.

Te souviens-tu de ce chemin escarpé, à flanc de montagne, que nous avions gravi à pied ? Le panorama sur la baie était somptueux. De là-bas, nous parvenait la vue de quelques bateaux qui se croisaient. J'avais fait chaque pas en serrant les dents. J'ai le vertige. Alors, même si c'était magistral, je ne parvenais pas parfaitement à occulter tout ce vide sous nos pieds. Mais j'avais mis tout le courage dont j'étais capable pour n'en rien laisser paraître. J'avais envie de t'impressionner et ce n'était pas en avouant mes terreurs que j'y parviendrais.

Et, enfin, nous étions en haut.

Devant nous, à perte de vue, se déroulait un paysage à couper le souffle. Comme chaque jour, le soleil était de la partie, soulignant une courbe, attrapant nos regards par un jeu d'ombre particulier. On distinguait la ville. En contrebas, bien loin, la route que nous avions empruntée deux jours plus tôt.

Le vent qui faisait voleter tes cheveux et emmêlait tes boucles brunes dans les branches de tes lunettes de soleil m'arracha un sourire. Nul doute que je serais là pour t'aider à démêler tout cela si tu le voulais.

Mais toi, ton attention était ailleurs. Tu ne sentais même pas la brise qui jouait avec ta chevelure comme mes doigts auraient aimé le faire. Tu t'acharnais à trouver le bon angle pour prendre ta photo. Celui que tu avais actuellement ne te convenait visiblement pas mais, pour une fois, tu ne râlais pas. Je m'approchai de toi autant que la bienséance le tolérait et je te demandai ce que tu cherchais à prendre. De l'index, tu me désignas un bâtiment niché entre deux parois de montagnes. D'où tu étais, l'arbre qui s'était risqué à pousser presque dans le vide te gâchait le cliché.

— Tu devrais avancer, un peu plus vers le bord, juste là, me risquai-je à te conseiller.

Je n'étais pas certaine que tu sois du genre à écouter les conseils de qui que ce soit, mais tu ne protestas pas. Tu fis un pas, puis un second, et tu te figeas. Tu étais encore loin de l'endroit que je t'avais désigné. Ton regard plongea dans le mien et je me laissai happer par ses iris.

— J'ai le vertige en fait, m'avouas-tu si bas que personne d'autre ne put l'entendre.

Ce devait donc être là notre seul point commun, avais-je pensé.

Mais tu la voulais cette photo. Et moi, je te voulais, toi. Alors, tu t'étais approchée du bord avec prudence. Alors, j'avais suivi ton sillage. Le temps des derniers centimètres, tes doigts s'étaient refermés sur mon poignet, comme si tu pouvais ainsi y gagner le courage qui te manquait encore pour poursuivre.

Mon Dieu, Catherine, si tu t'étais doutée que j'étais largement aussi terrorisée que toi…

Tu ne m'avais finalement relâchée que parce que ta deuxième main t'était absolument nécessaire pour tenir ton appareil. Tu avais pris deux ou trois photos puis, sans demander ton reste, tu t'étais éloignée.

Alors que nous entamions la descente pour regagner nos véhicules, tu m'avais lancé un regard par-dessus ton épaule. « *Merci* » avais-tu simplement murmuré.

De rien.

J'avais dû prendre sur moi pour ne pas te déshabiller du regard tout le long du trajet du retour. T'a-t-on déjà dit que la courbe de tes hanches est à se damner ? J'étais consciente de ne pas avoir ainsi le droit de te dévorer du regard, mais mes yeux étaient terriblement audacieux. Bien malgré moi, ils revenaient sans cesse à toi. La baie leur semblait soudain moins chatoyante que ta démarche.

Puis nous étions remontées en voiture et je savais que nous n'aurions plus d'occasions avant le soir. Les trois heures de route qui suivirent m'avaient paru d'une longueur et d'une monotonie inimaginables.

C'était au beau milieu d'un champ que nous passerions cette nuit-là. Une fois le bivouac installé, notre guide avait proposé, comme souvent, de prendre l'apéritif ensemble. Viviane et toi n'aviez pas fini et je me retrouvai seule avec lui. Nous bavardâmes un peu, du lieu, des coutumes, des habitants et de plein d'autres choses encore. C'était une belle soirée qui s'annonçait. Je me sentais finalement bien ici, au milieu de nulle part. Rien de ce que j'avais laissé chez nous ne me manquait. C'était étrange qu'il eût fallu que je me retrouve perdue et coincée avec vous pour me sentir enfin libre. Mais c'était ainsi. Tout ce que je portais me semblait désormais moins lourd, moins grave, moins insurmontable.

Je ne te perdais plus jamais totalement du regard, tu sais, et c'est pour cela que je le vis aussitôt que vous eûtes fini. Je me proposai d'aller vous chercher, notre guide sembla bien moins enthousiaste que moi à l'idée de ton arrivée.

— Non, laisse-les, j'en ai marre de leurs histoires, m'avait-il chuchoté.

Je me sentais prise entre deux feux. Je n'avais pas envie de l'importuner, mais je n'avais pas non plus envie de perdre une chance de créer quelque chose avec toi. Pourquoi et comment avais-tu réussi à te le mettre à dos ? J'avais bien une idée de la réponse, mais qu'importe. Sur le ton de la plaisanterie, j'avais prétexté que ce n'était pas très professionnel de sa part et j'étais quand même venue vous chercher. Je l'avais entendu soupirer alors que je marchais vers votre tente.

Sauf que toi, après avoir jeté un regard bien trop appuyé à Viviane, qui visiblement faisait la tête, tu avais décliné mon invitation. Ah oui ? Tant pis pour toi, avais-je sans doute dû te répondre, tentant de faire comme si ça m'était égal.

Ça ne m'était pas égal. J'avais senti la tristesse naître en moi. Celle que tu n'aurais pas dû avoir le pouvoir de susciter et qui en profitait pour me rappeler que j'étais toujours invisible pour toi. Je ne le pris pas personnellement, me demandant simplement ce qu'il fallait faire pour exister à tes yeux…

Je vis en Viviane la cause parfaite pour expliquer ton refus. Peut-être vous étiez-vous disputées, sans doute voulait-elle être au calme, sûrement t'étais-tu sentie obligée de rester avec elle. Sur le moment, ça m'avait semblé une belle explication. Maintenant, je crois plutôt que tu n'avais juste pas envie.

J'avais rejoint notre guide et il avait paru tellement soulagé que tu aies refusé que ça en disait long sur son estime à ton égard.

Nous avions donc passé la soirée sans toi. Une ou deux fois, j'avais réussi à réorienter la conversation sur ta personne. Que savait-il que j'ignorais ? Comme j'ignorais tout, ce n'était sans doute pas bien compliqué de trouver quelque chose. Pourtant lui non plus n'avait pas beaucoup d'informations.

Alors comme ça, tu aimais te mettre en avant, toujours à te vanter, mais jamais tu ne livrais quelque chose de personnel ? Que pouvais-tu bien cacher ?

On cache tous quelque chose. Un vilain secret, quelque chose que nous n'assumons pas ou juste un regret pesant… mais il y a toujours quelque chose.

J'avais envie de jouer à découvrir pour toi. Faute d'indices, j'étais libre d'imaginer. Rien ne m'obligeait à ce que ce soit vrai. Ni même réaliste. Le temps de cette nuit, tu pouvais bien ne plus être Catherine

Lazaridis, mais seulement un personnage de fiction.

Tu te demandes ce que j'ai bien pu inventer ? Oh, tellement de choses…

Parce que ça m'arrangeait, je t'ai d'abord pensée lesbienne encore dans le placard. J'ai pensé à ces hommes que tu pouvais côtoyer sans que jamais, vraiment, ce ne soit sérieux. Dans chacun de leurs gestes, chacune de leurs paroles, il te manquait quelque chose. Quelque chose d'inavouable pour toi. Quelque chose qu'évidemment j'aurais pu te donner. Cela va de soi, c'était mon imaginaire après tout…

Qu'avais-je pensé d'autre ? Que ta vie te frustrait terriblement, car ton statut professionnel ne te convenait pas. Tu avais choisi cette voie pour ne pas contrarier un père ou un grand-père trop pressant, mais en réalité, tes envies étaient ailleurs. Bien loin de la finance… Alors quoi ? Qu'aurais-tu aimé être ? Peintre ? Danseuse ? Musicienne ? Non, tout cela était trop convenu, c'était des rêves presque trop communs pour toi.

Navigatrice ? Oui, ça me plaisait mieux. Ça avait déjà plus d'originalité. Et puis tu habitais non loin de la mer, il me semble…

À moins que tu ne sois l'épouse d'un riche banquier qui te rendait la vie insupportable. J'avais du mal à t'imaginer en femme soumise à son époux, qui ne va que là où il décide et qui subit le fait que tout le monde sache pour sa jeune maîtresse… Pourquoi avais-je ce sentiment qui m'indiquait que tu étais plus du genre à tromper qu'à être trompée ?

Sincèrement, si quelqu'un avait réussi à te faire dire

oui devant l'autel, il aurait fallu être fou pour aller voir ailleurs ensuite... Mais il me semblait que tu ne portais pas d'alliance. Tu avais une bague, magnifique oui, mais elle ne ressemblait pas à une alliance.

D'ailleurs, ça devait ressembler à quoi de vivre avec toi au quotidien ? Étais-tu toujours si autoritaire, même en privé ? J'aurais adoré le découvrir, mais ça resterait un mystère.

De toutes ces divagations, alors que notre pauvre guide me parlait d'autre chose, j'avais tout de même, à un moment, appris quelque chose sur toi. C'était la seule chose qu'il savait et elle me disait que je me trompais depuis le début. Alors comme cela, Catherine, tu n'es pas femme d'affaires. Médecin. Hum, je reconnais que ça ne manque pas non plus de prestige. Je t'avoue que je trouve même cela plutôt sexy. Pas n'importe quel médecin en plus. Carrément chef de service à l'hôpital, en cardiologie.

C'est drôle, si j'avais dû parier, je t'aurais vue dans le privé et non en secteur public. J'avais du mal à t'imaginer au service de tous... À moins que tu ne sois comme tant d'autres... À te moquer totalement du patient qui n'était rien de plus qu'un numéro sur ton agenda...

J'espérais que tu fusses différente, mais rien ne m'aiguillait sur un chemin plutôt qu'un autre. Qu'est-ce qui t'avait poussée à faire médecine ? L'envie d'aider, de sauver, de soutenir ou l'appât du gain ? Non, je ne suis pas certaine de vouloir savoir, si jamais la réponse ne me plaisait pas, je ne pourrais pas l'oublier si facilement.

Du jour suivant, je ne retiens rien. Tu ne parlas pas, ni à moi ni à personne. Même Viviane semblait ne plus exister à tes yeux. S'était-il vraiment passé quelque chose entre vous la veille ? Ça ressemblait à cela une dispute avec toi ? Tu ignorais l'autre indéfiniment ? Tu gardais le silence, maintenant une ambiance pesante.

J'avais l'impression d'avoir perdu une précieuse journée. J'entrevoyais comment reprendrait ma vie après ton départ. Allais-je avoir longtemps cette impression qu'il manquait quelque chose ? C'était tellement idiot… C'était notre huitième jour ensemble, tu ne pouvais pas avoir tant d'importance.

Ta seule phrase, tu l'avais prononcée alors que j'annonçais que j'allais dormir.

— Ça a été la journée ? m'avais-tu demandé.

J'avais répondu que j'étais épuisée, mais sinon oui. Tu avais eu un sourire tendre :

— Ça ira mieux demain !

Tu avais eu raison.

Tu avais finalement fait de cette journée une des plus agréables que j'ai vécues. Si on occulte sa soirée, bien entendu, car elle réservait une déception à la hauteur de mes fugaces espérances. Mais commençons par le commencement !

J'avais presque réussi à croire qu'il se passait quelque chose. Que je n'étais plus la seule aux prises avec ce « sérieux béguin ».

Ça avait débuté bêtement le matin, un éboulement

sur la piste que nous devions emprunter. Nous étions à dix minutes à pied d'un village et notre guide nous avait demandé d'attendre là, le temps qu'il se renseigne auprès des habitants pour savoir quand la route serait dégagée. Nous voilà de nouveau bloquées en plein soleil. Je patientais calmement derrière le volant, un bras à la fenêtre comme si ça allait suffire à me refroidir, et j'étais perdue dans mes pensées. Tous mes doutes concernaient mon futur retour. Que ferais-je quand je serais de nouveau chez moi ? Parce qu'il allait bien falloir que je rentre un jour, malgré tout... Un temps, j'avais envisagé de déménager. C'était une idée inutile, j'en avais conscience, d'autant plus que j'adorais mon appartement. Enfin, inutile, je ne sais pas. Disons plutôt que c'était une possibilité de l'ordre de celles qui ne résolvent rien. Elle contribuait juste à l'illusion d'une fuite prolongée. M'être jetée corps et âme dans ce road-trip m'offrait des retombées inattendues. À cet instant-là, je n'étais même plus certaine de savoir pourquoi j'étais partie... Parce que beaucoup trop de choses sans rapports entre elles m'avaient étouffée jusqu'à me laisser proche de l'asphyxie ? Ou simplement parce que je cherchais désespérément cette étincelle qui manquait à ma vie ? Je n'en avais plus la moindre idée. D'une réflexion à l'autre, j'en étais revenue à songer à un sujet qui me projetait tout droit dans les couloirs d'une maison de santé. Ce fut l'instant que tu choisis pour t'approcher de mon véhicule, ton visage apparaissant à quelques centimètres de mes yeux, vison ô combien plus agréable que la précédente ! J'avais tenté de ne pas frémir.

Si par le plus grand des hasards, en lisant ces lignes, tu en venais à t'inquiéter pour moi… Ne t'en fais pas, jolie Catherine, rien de grave, je vais bien. C'est juste une longue histoire. Cela dit, reconnais que le hasard fait bien les choses : une partie de ce qui m'avait conduite à fuir ici était en rapport avec le médical, et je venais de craquer pour une cardiologue. Belle ironie, n'est-ce pas ?

Quoi qu'il en soit, tu passas la tête par la vitre ouverte et tu commenças à discuter. Tu t'étais appuyée sur mon bras comme s'il n'était rien d'autre qu'un accoudoir. Ta peau était bien moins brûlante que la mienne. Je me plaisais à croire que si tu étais ainsi collée à moi, c'était parce que tu ressentais ce même besoin déchirant de contact physique. Pas parce que tu me voyais comme un élément du décor auquel on n'avait pas besoin de prêter une attention particulière. Pourtant c'était toi, peut-être aurais-je dû me méfier, mais pour le moment, c'était juste ton menton et ton bras posés sur le mien. Ta bouche à quelques centimètres de la mienne et ton regard brun flamboyant qui pour une fois n'était que pour moi. C'était délicieux alors je n'allais pas chercher à voir le mal.

Il n'y avait plus que toi et moi. Le soleil. Un dialogue léger et spontané.

— Tu as fait quoi de Viviane ? finis-je quand même par demander.

Tu m'avais répondu qu'elle avait préféré rester en voiture et qu'elle écoutait de la musique. Soit. Je n'avais pas envie de parler d'elle de toute façon. Je ne voulais parler que de toi. Mais je ne trouvais pas les questions. Je te laissai mener la danse, passivement.

Notre guide en revenant m'avait fait sursauter. La route ne serait pas dégagée, mais il connaissait un autre itinéraire. Alors, c'était la fin de notre parenthèse. Contre toute attente, tu me demandas si tu pouvais monter en voiture avec moi. « Viviane va conduire aujourd'hui », avais-tu répondu à la question qui n'avait pas encore franchi mes lèvres.

Je ne te dis pas oui assez vite et tu supposas que ça m'ennuyait. Mon Dieu, non, Catherine. Si ça n'avait tenu qu'à moi, je t'aurais dit de monter et ne plus jamais redescendre sans moi. On sait toutes les deux que ce n'est pas aussi simple, malheureusement. Je virai précipitamment mes affaires du siège passager et tu grimpas à mes côtés. Je démarrai en silence. Ta présence rendait la route et ma conduite différentes. Je ne sais pas si tu le remarquas, mais j'étais infiniment plus prudente. Je ne pus m'empêcher de laisser mon esprit vagabonder. Imagine. Toi et moi, un été, en vacances ensemble. À avaler ainsi des kilomètres, mais dans une tout autre logique relationnelle. Ensemble. Toi au volant et moi me laissant guider, ma main sur ta cuisse. Ou l'inverse. Non, pas l'inverse. Toi au volant. Définitivement. Tu voudrais décider, c'est évident. Où nous emmènerais-tu ? Si nous n'avions que quelques jours. Pas assez pour nous échapper loin… Que dirais-tu de la Corse ? Ce serait un peu comme ici au final. À la fois mer et montagne.

— Un pays que tu aimes ?

— Le Maroc, m'avais-tu répondu.

Pourquoi pas ? Je n'y suis jamais allée. Nous avions repris notre silence. Pas tout à fait. Tes doigts qui tapotaient la boite à gants me rappelaient ta présence… Jamais tu ne pourrais être discrète, avoue-le !

Qu'avions-nous fait ensuite ? Qu'avais-je fait de plus que de me délecter de toute cette tension ? Pas grand-chose. Si ce n'était te jeter quelques regards à la dérobée.

Puis il y avait eu cette auberge. Au milieu de nulle part, une fois encore. C'était tellement improbable qu'elle soit là en fait. À part nous, qui passait ici ?

— Peut-être les bergers se rendant d'un village à l'autre, avais-tu suggéré.

Sans doute.

Nous étions descendues de la voiture, les portières avaient claqué et j'étais presque certaine d'avoir vu Viviane te lancer un regard désapprobateur. J'aurais pu prendre le temps de me demander si j'avais loupé quelque chose, si tu ne m'avais pas entraînée à ta suite sur la terrasse de l'auberge.

Des tables, il ne s'agissait en fait que de grandes planches de bois. Comme pour les bancs de part et d'autre. Nous n'étions que quatre. Ce n'était pas la place qui manquait sur cette assise où nous aurions pu, sans mal, nous glisser à six de chaque côté. Pourtant, tu étais venue t'installer tout contre moi. Oui, vraiment contre. Ta cuisse était contre la mienne et nos coudes se heurtaient sans cesse. Ne me dis pas que tu ne t'en étais pas rendu compte, je ne te croirais pas. Pas une seule seconde. Ça me rendait nerveuse. Je n'étais pas certaine de ce que tu attendais et je supposais que tu ne le savais pas toi-même. Sinon, tu aurais été plus directe pas vrai ? Je t'imaginais mal tourner autour du pot quand tu voulais quelque chose. Objet ou personne.

Alors, à chaque seconde qui passait, j'essayais de me convaincre de ne pas y prêter attention. Ce n'était pas un exercice difficile : il était purement et tout bonnement impossible ! Depuis le soir du lac, j'avais remarqué que tes cuisses étaient sublimes ; sentir l'une d'elles me frôler sans cesse accélérait mon pouls d'une manière que j'aurais préféré éviter. J'oscillais toujours trop entre attirance et irritation, ton attitude ne m'aidait en rien.

J'ai fini par m'écarter, je n'en pouvais plus de cette proximité insoutenable. Comment feindre une attitude naturelle alors que chacune des pressions de ton corps contre le mien me donnait envie de tourner la tête pour t'embrasser…

Mais plutôt que de me laisser reprendre mon souffle, tu t'étais rapprochée. J'avais à peine eu le temps de réaliser que je m'écartais alors que, de tout mon être, je désirais l'inverse et voici que tu étais de nouveau tout contre moi. À quoi jouais-tu, Catherine ? Cela t'amusait-il de me torturer de la sorte ? Pourquoi ce manège si tu ne voulais rien de plus ? Garce plus que jamais ou indécise ? J'ose espérer que ce fut le second point.

Il me semblait que ce jeu étrange que tu venais de lancer durait une éternité. J'essayais de discuter avec notre guide, je me surpris même à écouter Viviane. Tout, tout pour occulter ta trop proche présence. Le temps me semblait s'écouler avec une lenteur infinie.

Étions-nous vraiment restées si longtemps à table ou bien était-ce ta proximité qui donnait à chaque minute la consistance d'une heure ?

J'eus du mal à cacher mon soulagement quand nous décidâmes de reprendre la route.

Oui, je te voulais proche, aussi proche que tu le souhaiterais même. Mais je le voulais sans ambiguïté. Pas avec cette incertitude absurde. Tu repartis avec Viviane et je fus de nouveau seule. Je me remis à penser que c'était sans doute aussi bien.

Camping le soir venu. Encore plus vétuste que celui de la dernière fois. C'était une sorte d'ancien couvent. Ou de pensionnat religieux. Je ne sais pas trop. Quoi qu'il en soit, le bâtiment me semblait lugubre. La petite chapelle au fond du terrain, je n'avais rien à dire contre elle. Au contraire même, je lui reconnaissais un certain charme avec ses pierres pâles, nichée à l'ombre des arbres. De même pour le terrain en lui-même qui était parfaitement accueillant. Mais ces murs gris et fenêtres exsangues… Ils contrastaient d'autant plus avec la sérénité qui émanait du parc. Si j'avais dû y passer plus d'une soirée, ce bâtiment m'aurait très certainement donné l'envie de m'échapper. Alors que je m'y dirigeais, à contrecœur, pour me doucher, je croisai notre guide qui en revenait après avoir été parler aux religieuses. Il me toisa, amusé. Je n'avais même pas eu à lui demander ce qu'il y avait :

— Alors comme ça, tu es au goût de Catherine ! m'avait-il lancé.

Il avait remarqué le manège à l'auberge. Je suppose

que j'avais dû devenir écarlate. À la fois gênée et flattée. Ça m'embêtait un peu que quelqu'un l'ait remarqué, mais ça ne me déplaisait pas vraiment que l'on puisse supposer que tu me faisais du rentre-dedans. Alors, Miss, je suis à ton goût ?

Je m'étais éloignée sans rien ajouter et il m'avait proposé de te *« remettre en place »* si tu étais *« trop insistante »*. Tu peux relire, mais je t'assure qu'il a vraiment dit cela. J'ai été aussi surprise que toi. Que penses-tu de nos rôles ? Toi, en dangereuse prédatrice et moi, en pauvre brebis vulnérable ? Parce que j'étais bien plus jeune, supposait-il que je fus incapable de me défendre seule ? Je n'ai jamais hésité à rembarrer un mec alors ce n'était sûrement pas une femme dans ton genre qui m'aurait arrêtée. Si seulement il avait pu se douter que c'était moi qui te dévorais du regard, chaque fois que tu regardais ailleurs…

J'en souriais encore en rentrant dans ce qui faisait office de salle de douche.

L'eau était bien trop chaude et la plomberie émettait des sons plutôt inquiétants. Finalement, je préférais encore nos douches sauvages, à l'eau des sources, entre deux portières de voitures… Le jet de vapeur qui s'était échappé du pommeau de douche m'avait surprise et m'avait fait reculer brutalement. Mon coude avait heurté la tuyauterie et j'avais retenu de justesse un hurlement. On avait maintenant la certitude que ce tuyau était bien celui responsable du jet de vapeur. J'avais coupé l'eau et m'étais écartée de là au plus vite. Il m'avait fallu quelques secondes avant de reprendre mes esprits et de penser à jeter un regard vers mon bras. Ça me faisait un mal de chien et je compris bientôt pourquoi... Plusieurs années après, j'ai toujours la cicatrice. Pour maintenant, je suppose que je peux la voir comme un souvenir. Marque indélébile destinée à me rappeler à quel point ton égocentrisme pouvait-être sans limites.

Parce que dès le moment où je fus habillée, avant même de me demander comment j'allais soigner ça, j'étais devant toi. Je m'étais précipitée pour te prévenir, pour m'assurer que tu ne te brûles pas à ton tour. C'était idiot, mais je sentais que je n'aurais pas supporté que tu sois blessée. Je crois que c'est à ce moment que j'aurais pu admettre le plus facilement que tu commençais à réellement compter pour moi. Et il n'était plus seulement question de tes charmes. C'était plus que cela. Ça a toujours été plus que cela. Mais le problème de ce moment, c'est qu'il fut aussi celui où la réalité me gifla le plus violemment. Quoi que je puisse ressentir, que je me débatte ou non avec, il sembla alors plus qu'évident que nous ne nous laissions pas bercées par les mêmes ondes. Je t'avais dit d'être prudente. Tu m'avais remerciée. Juste ça...

Tu sais, le commun des mortels aurait au moins proposé de m'aider à faire un bandage. Il se serait même probablement montré un minimum inquiet. Mais pas toi.

J'avais ravalé ma déception et ma rancœur et j'avais commencé à m'éloigner avant qu'elles ne m'étouffent. Et puis, ce n'était pas comme si tu étais médecin... Oh, bien sûr, je sais, cardiologue, ce n'est pas infirmière ! Mais je ne pense tout de même pas me tromper en ayant l'audace de supposer que si tu pouvais soigner le cœur de quelqu'un, tu pouvais aussi panser une brûlure. À moins, bien sûr, que tu ne considères cela comme une tâche trop ingrate pour le médecin de renom que tu semblais être. Tu laissais ce genre de choses aux infirmières ou aides-soignantes n'est-ce pas ? Sauf qu'ici, il n'y avait pas toute une armée à ton service, ma jolie.

Cette douleur lancinante et ta réaction avaient au moins eu le mérite de faire se reconnecter les nombreux neurones que je semblais avoir perdus au cours des derniers jours.

J'avais donc fait mon bandage moi-même, en ayant finalement une potentielle bribe de réponse à la question : *pourquoi avais-tu fait médecine ?* Je l'avais su que cette réponse ne me plairait pas… J'aurais au moins aimé ne pas l'avoir à mes dépens.

J'y avais mis pas mal d'énergie et pourtant, alors même que tu l'aurais sans doute mérité, je n'avais pas réussi à retrouver mon état d'esprit d'origine. Tu sais, celui délicieux où je te détestais et rien de plus. Non, je restais bloquée dans celui-ci. Celui qui faisait que je te trouvais horriblement insupportable, mais qui était accompagné de l'envie de passer chaque seconde qui suivrait avec toi dans mes bras… Parfaite illustration de l'illogisme.

En ce dixième jour, je m'éveillais en me demandant s'il signerait enfin la fin de mon supplice ou le début du suivant, bien pire.

Le hasard ou ton ressenti firent que tu tentas d'effacer de mon esprit le souvenir de la déconvenue de la veille au soir.

Ça commença dans la matinée, dans ce village bucolique dont je garderai un souvenir magique. C'était comme une Venise sauvage. Son centre était coupé en deux par un bras de mer. Devant chaque maison, un ponton. Parfois en pierre, parfois en bois. La différence c'était qu'ici, l'eau était parfaitement limpide. Pure et turquoise comme sur les cartes postales. Chacun était libre de se baigner, s'il le désirait. Si le paradis existe, alors j'espère qu'il ressemble au moins un peu à cet endroit... Je ne sais même pas comment ça s'appelait... Avais-tu vu un panneau, toi ? Moi, aucun.

La mer nous invitait à la brasse, nous lui cédâmes bien vite.

— C'est mon dernier jour, ce serait dommage de ne pas en profiter, avais-tu dit.

Ça l'aurait été, en effet. J'eus le loisir d'admirer une dernière fois chacune de tes courbes magnifiques. De voir tes cheveux gorgés d'eau boucler encore davantage et batailler au milieu de ton front.

J'imaginais volontiers un bain de minuit à tes côtés... Mais à minuit, tu serais repartie, depuis un moment déjà... Je n'osais pas rêver que nous aurions d'autres occasions.

À quelques mètres au-dessus de nous, une chapelle

nous surplombait. Tu décidas que ce serait la dernière de tes visites. Tu demandas si nous voulions t'accompagner, je ne me fis pas prier. Depuis le bord de mer, on y accédait deux rues plus loin, par un immense escalier de pierre qui faisait toute la hauteur de la colline sur laquelle l'église était perchée. Il était large, gris clair, ombragé de part et d'autre par de superbes palmiers. De son sommet, on devinait des arbustes en fleurs. On aurait dit des azalées géantes. Quelques jours après ton départ, je rencontrai quelqu'un qui m'en dit le nom, malheureusement je l'ai oublié depuis.

Quoi qu'il en soit, tout de ce que nous pouvions voir nous invitait à monter.

Devant une statue de la Vierge, l'escalier se séparait en deux avant de déboucher finalement sur une immense terrasse qui dominait le village. La chapelle était fermée, mais la vue que nous avions d'ici nous permit de ne rien regretter à notre ascension.

Je m'appuyai sur la balustrade et tu avais fait de même. Je regardais la mer disparaitre jusqu'à se confondre avec le ciel du même bleu. J'admirais la baie où nous venions de nous baigner. Je m'émerveillais devant ton sourire qui pour une fois n'exigeait rien de plus que ce que tu avais. Y avait-il une chance que tu deviennes un jour raisonnable ? J'en doutais. Sans doute resterais-tu capricieuse pour toujours désormais. Tu me faisais penser à l'héroïne d'un roman que j'avais lu quelques semaines plus tôt et qui, le temps des premiers chapitres, m'avait profondément agacée. Rassure-toi, au fil de pages, elle devient de plus en plus attachante.

Viviane fit une remarque d'une platitude sans nom et tu te penchas à mon oreille pour me susurrer :

— Tu crois qu'elle s'est rendu compte que ce qu'elle venait de dire était totalement idiot ?

Si c'était ça être ta compagne de voyage, qu'est-ce que ça devait être d'être ton ennemie. Mais ton souffle chatouillait mon cou et cette méchanceté ne m'était pas destinée. Tu peux continuer tant que tu veux d'être odieuse tant que je suis ta complice plutôt que ta victime.

Nous redescendîmes finalement, plus proches que jamais. Et lentement. Délicieusement lentement. Nos bras, nos mains se frôlaient sans cesse. Je ne faisais plus rien pour l'éviter ; toi non plus. Jusqu'au moment où, je ne sais pourquoi, tu décidas de refermer tes doigts autour des miens. Je sursautai quand je réalisai... Mon erreur fut de lever les yeux vers toi. Je voulais lire dans ton regard que tu pensais la même chose que moi, que tu te disais que tu pourrais marcher longtemps ainsi, que même si nos caractères ne s'accordaient pas, nos corps semblaient être prêts à se trouver. Je ne lus rien de tout ça. Quand je croisai tes pupilles, ce fut comme si tu prenais seulement conscience de ce que tu venais de faire. Et automatiquement, tu relâchas ma main et t'écartas. Nous ne nous frôlerions plus, ni par envie ni par mégarde.

Dis-moi, Catherine, pourquoi avoir relâché ma main si vite, comme si ma peau te brûlait ? La sensation était-elle si désagréable ? Ou trop peu aux normes ?

Trop peu à tes normes ? Il ne se serait rien passé d'horrible si tu l'avais gardée encore un peu.

Finalement, deux heures plus tard, nous nous disions au revoir. Pour moi, ça sonnait plutôt comme un adieu, mais je supposais qu'il n'était jamais de bon ton de le faire remarquer.

Dans un ultime sursaut, tu te souvins que tu étais médecin. Tu demandas à voir ma brûlure avant de partir et me prodiguas un ou deux conseils. Mieux vaut tard que jamais ? C'est bien cela qu'on dit, non ?

Je n'avais aucun moyen de grappiller quelques minutes de plus. C'était tout, voilà.

Tu dis rapidement au revoir à notre guide. Très rapidement, devrais-je dire. Tu ne les avais pas particulièrement appréciées ces vacances et tu le jugeais responsable, alors tu n'allais pas t'attarder inutilement pour lui. Tu lirais mieux les annonces les prochaines fois, j'en suis sûre.

Je m'attendais à subir le même traitement, mais tu te fis soudain plus douce. Tu me dis que tu avais été heureuse de me rencontrer... Je me demandai à quel point c'était vrai. Nous nous fîmes la bise. Ça se fait bien plus vers les joues et bien moins à la commissure des lèvres, ma jolie. Oh, ne va pas croire que je m'en plains, je te le rappelle, au cas où, c'est tout.

Je t'enlaçai et sans doute que je serrai un peu trop mon étreinte.

Je te relâchai, la gorge nouée. J'aurais aimé te dire quelque chose, te dire que je n'avais pas envie de te voir partir. Te dire que tu m'avais tout l'air d'avoir un ego surdimensionné, qu'une multitude de choses te rendait inaccessible, que tu évoluais dans un milieu que je déteste, que tu avais toujours l'air de ne voir rien ni personne. Mais que tu étais une femme magnifique. Que ta voix était agressive, mais terriblement sexy, tes yeux outrageusement craquants. Que tu avais un sourire sublime, des cuisses superbes, des épaules à se damner. Te dire que tu étais troublante et que j'étais troublée. Que pour toutes ces raisons, j'avais craqué. Et donc te demander ce que, maintenant, j'étais censée faire de tout ça. De toutes ces émotions que tu avais éveillées et qui ne se tairaient pas aussi facilement.

Le courage me fit défaut et je ne dis rien. Mes lèvres restèrent scellées sur tous ces aveux inavouables.

Cela aurait-il changé quelque chose si je te l'avais dit ?

Tu remontas en voiture, tu disparus.

Notre guide me ramena jusque Tirana, comme prévu, et je repris mon périple. Seule, comme prévu également.

J'ai été le visiter le palais de Sissi, il est magnifique. Au nord de Corfou, il y a un endroit qu'on appelle le canal de l'Amour. La légende dit que lorsqu'on se baigne dedans, nos souhaits amoureux se réalisent. Visiblement, ça ne fonctionne pas.

C'était joli là-bas aussi, plein d'oliviers à flanc de colline. Il paraît que ça ressemble un peu à la Corse en fait.

J'avais envie de visiter la Macédoine après ça, mais finalement je ne le fis pas. Le cœur n'y était plus. Je n'avais plus rien à fuir. Je réalisais que durant ce voyage, j'avais trouvé tout ce que je cherchais et bien plus encore.

J'avais retrouvé mon envie d'écrire ou, plus exactement, j'avais renoué avec le goût de laisser glisser les mots sur le papier, et ce quelle que soit la forme qu'ils prendraient. J'avais enfin accepté que j'aimais aussi les femmes, je m'étais trouvée. À travers toi, un peu. Dois-je t'en remercier ?

Je supposai que ma sérénité retrouvée sonnait la fin de mon périple. Alors je suis rentrée. J'étais décidée à enrichir ma vie, en l'agrémentant, pourquoi pas, d'un peu de créativité, d'un zeste de folie. Ce zeste de folie allait surpasser toutes mes attentes, je n'en savais encore rien.

À l'époque, je cherchais simplement ma voie. Quelle forme d'écriture avais-je vraiment envie d'aborder et comment ? J'avais tant de possibilités. Entre le journalisme purement factuel pour lequel j'étais formée ou plonger dans l'écriture d'un roman, j'avais tant de pistes et de nuances à explorer. J'ai d'abord choisi un compromis, en envisageant la rédaction d'un récit de voyage. Quelque chose de pas trop long, un peu prenant, pourquoi pas décalé... Un texte que j'aurais pu proposer à un magazine. L'inspiration n'était pas vraiment au rendez-vous, alors j'ai essayé d'autres pistes, j'ai même été jusqu'à tenter le fantastique.

À aucun moment, je n'ai imaginé écrire sur toi. Ça aurait été beaucoup trop dangereux de poser des mots sur tout ça, ça aurait tout rendu si réel et fictif à la fois. Et puis, quelque chose me disait que tu n'aurais pas apprécié de voir ainsi mes premières impressions étalées en public. Je ne peux malheureusement pas te prouver ma bonne foi, Catherine. Tu vas devoir me croire sur parole. Je peux simplement t'assurer que rien n'était prémédité. Pour être honnête, je ne sais même pas vraiment comment c'est arrivé. Ou peut-être que si... Peut-être que cette imprégnation de toi sur mon âme m'y a poussée... Peu importe, tout ça pour te dire qu'à la base, j'essayais d'écrire totalement autre chose. Ce n'est que bien plus tard que ce texte a pris forme. Par un étrange hasard, une occasion inespérée. Enfin là, je m'égare, je commence à en dire trop et si je continue ainsi, je vais perdre le fil du récit de notre histoire.

Revenons donc à mon retour, à mes pistes d'écriture et à mes espoirs bientôt déçus. J'étais décidée à attendre que le temps t'efface de ma mémoire. Il semble que la joie des réseaux sociaux en décida autrement. Contre toute attente, tu avais choisi de garder contact. Pourquoi ? Qu'est-ce que je t'évoquais qui manquait à ta vie parfaite ? Nous nous mîmes à discuter, un peu. Jamais de façon régulière, jamais en grandes confidentes. Pas vraiment en amies, encore moins en amantes potentielles.

Nous parlions souvent le soir. Ou la nuit devrais-je dire. Tu terminais tes journées à des heures improbables et tu avais pris la désagréable habitude de sortir ton chien vers deux heures du matin.

Nous bavardions à ce moment-là. Un peu avant, un peu après. J'avais toujours besoin de savoir que tu étais bien rentrée pour être parfaitement sereine.

Tu ne me demandais rien, nous étions excessivement loin, mais je ne pouvais pas m'empêcher d'essayer de veiller sur toi. Du mieux que je pouvais, maladroitement sans doute.

Je me demandais sans cesse ce que cela signifiait pour toi. Sans doute rien. Pourtant je ne pouvais m'empêcher d'espérer. Ne même pas savoir si tu avais déjà quelqu'un me rendait dingue. Puis il y eut ce soir…

Ce soir-là, j'ai pris mon courage à deux mains. Je t'ai posé ces questions qui me brûlaient depuis des mois. Je voulais savoir où j'avais mis les pieds. À quel point j'étais foutue.

Alors je te l'ai demandé. Ce n'était pas subtil, mais c'était le mieux dont je sois capable.

Je te l'ai demandé comme cela :

« Et sinon, un homme dans ta vie ? (ou une femme) Des enfants. Un chat, un chien, un poisson rouge, une plante verte ? »

Tu as mis une éternité à me répondre. J'ai bien cru que je serais morte d'un infarctus avant de pouvoir lire ta réponse. Tu sais, dans les films ou dans les livres, quand on dit que ton cœur se met à battre de plus en plus vite, que tu as l'impression qu'il va quitter ta poitrine, que tu suffoques ? Eh bien, c'est vrai en fait. Moi aussi, jusqu'à toi, je pensais que c'était des conneries, mais c'est possible. Ce n'est pas désagréable, pour tout te dire. On se sent vivant. Plus vivant qu'à n'importe quel autre moment. C'est pour cela que j'aime aimer. Même lorsque ce n'est pas réciproque. Parce que ça te fait vibrer. Chaque veine, chaque cellule, chaque petite parcelle de toi te semble plus réelle. C'est divinement étourdissant.

Donc j'avais l'impression que j'allais mourir si tu ne répondais pas plus rapidement, et tu as répondu. Mon ordinateur a fait son petit bip, inutile, vu que mes yeux étaient fixés sur notre conversation et ta phrase est apparue.

« Les femmes c'est pas mon genre. Les hommes, ça va, ça vient. J'ai un chien, un chat qui a mangé le poisson rouge. ».

Pas ton genre donc ? Merci de l'avoir mis en premier… ça avait le mérite d'être clair au moins. Hasard ? Vexée ? Ou alors m'avais-tu cernée depuis longtemps déjà ? Je ne t'ai pas demandé. D'ailleurs, je n'ai plus rien demandé. Sauf peut-être le nom du chat.

Il fallait bien donner l'impression que ça ne me touchait pas tant.

Par contre, permets-moi de te dire... *les hommes ça va, ça vient...* J'en côtoie beaucoup trop, amicalement, pour pouvoir laisser passer innocemment ce genre de phrase. Avec eux, ils auraient été déçus si je n'avais fait aucune remarque douteuse. Mais bon... C'était toi. Juste toi, alors je n'ai rien dit. Et puis je n'avais plus la tête à rire.

J'ai bien noté que tu avais éludé la question des enfants. Nous n'en avons jamais reparlé. Je ne saurai probablement jamais alors.

Ah oui, au cas où, je n'aime pas les poissons rouges.

Tu n'as pas conscience du torrent de larmes que j'ai versées cette nuit-là. Alors que je pensais avoir épuisé le stock, alors que je me sentais sombrer dans le sommeil, happée par une fatigue émotionnelle immense, j'arrivais encore à pleurer.

Je ne savais pas d'où naissaient toutes ces larmes... Ce n'était pas comme si j'avais un jour réellement pensé que quoi que ce soit fût possible entre nous. Soyons sérieuses, admettons que tu aimes les femmes, tu nous vois, toi et moi, ensemble ? L'une des deux aurait fini par étrangler l'autre avant le quatrième jour de couple. Et encore, en admettant que les deux premiers aient pu se passer de la façon la plus câline qui soit.

Mais la vie devait reprendre son cours. La vie reprend toujours, imperturbable devant nos tracas. Par contre, je me devais enfin de passer à autre chose. Ça avait déjà trop duré… Tout ce temps que j'avais laissé filer, toujours obsédée par le souvenir de tes yeux, de tes épaules…

Je pris sur moi pour moins te parler. Pour prendre plus de temps à te répondre quand tu laissais un message. Non, ne ris pas, ne me dis pas que tu n'as jamais procédé ainsi. Vraiment ? Tu n'as jamais utilisé toute ton énergie pour dissimuler un sentiment trop vif ?

Tout ce mal que je me donnais à te sortir de mes pensées me paraissait tellement idiot. Je devais faire comme si tu n'avais aucune importance dans ma vie alors que je ne rêvais que d'une chose : m'endormir à tes côtés en te murmurant que je t'aimais.

Mais je suis plutôt tenace. Et puis j'avais pas mal de boulot. Le temps passa et finalement, j'avais même un compagnon. Non, ne va pas t'imaginer que j'ai cherché à t'oublier dans ses bras. Ce n'est pas du tout comme cela que ça s'est passé. Lui et toi, définitivement, ça n'a rien à voir. Il est tout ce que tu ne seras jamais : attentif, humble, timide. Et puis Catherine, lui, les femmes, c'est carrément son genre. Je l'ai mis au courant de ton existence avant même que ça ne devienne sérieux entre lui et moi. Je ne pourrais pas te dire qu'il a compris, personne ne peut comprendre qu'on puisse à ce point désirer être avec quelqu'un qui nous insupporte, mais en tout cas, il l'a accepté.

On vit une jolie histoire. Elle a des hauts et des bas, comme pour tout le monde, mais je peux être moi-même à ses côtés. Je peux aimer les femmes autant que j'aime les hommes, il me laisse continuer à t'aimer toi, sans se sentir trahi.

Le temps a passé. Voilà presque un an que nous ne nous parlions plus. Je me croyais guérie, mais comme toujours il a fallu que je joue avec le feu. J'avais envie de savoir ce que tu devenais et envie de vérifier que je ne ressentais plus rien pour toi. Alors je t'ai écrit. Pas une longue lettre, non, juste un mail, bref, à la volée. Et tu y as répondu sans attendre. T'avais-je manqué ? Je me plaisais à le croire sans que pour autant cela me semble réaliste. Tu avais fait quoi durant cette année, toi ? Avais-tu pris le temps de rencontrer quelqu'un ? De vivre un rêve ? Ou t'étais-tu contentée de te laisser crouler sous le boulot en te disant que tout ça, ce n'était pas pour toi ? Que même si tu le voulais, tu n'aurais pas le temps !

Tu sais, Catherine, je pense sincèrement que, le temps, ça se prend. Quand on le veut vraiment, on trouve toujours un moyen.

Tu m'avais répondu donc. Et le hasard faisant bien les choses, tu serais à Paris dans un mois, pour un passage éclair avant de partir en voyage. Au Maroc, tu l'avais voulu, tu l'avais fait.

Tu m'avais proposé qu'on se voie et je t'avais dit oui. Tu sais tout de même que Paris c'est à trois heures de route de chez moi ? Et pourtant je n'avais même pas hésité. Tu m'avais manqué plus que je ne l'aurais avoué…

Pendant ce mois, je me demandais si c'était une bonne ou une mauvaise idée. M'agacerais-tu comme au début de notre rencontre ou serais-je pendue à tes lèvres, soumise à tes règles, à frémir à chacun de tes gestes ? Pour essayer de me convaincre que ce n'était pas une immense connerie, je me disais que ce serait un bon moyen de tester la température…

Tu semblais enthousiaste, je n'ai jamais compris pourquoi sachant le froid que tu me servirais par la suite. Durant ces trente jours, tu me rappelas la date six fois. Oui, tu as vraiment fait ça. Tu sais, ma belle, il y a des choses qu'on ne peut oublier, ce rendez-vous singulier était en haut de la liste. Taquine, la sixième fois, je t'avais demandé si tu avais peur que je te pose un lapin. Tu n'avais rien répondu. À croire que je te faisais peur. Qu'est-ce qui t'effrayait, Catherine ? Mes remarques qui te laissaient apercevoir mes sentiments ou ce que ça aurait pu signifier pour toi ? Je commençais à croire que ce n'était pas sans te plaire… En tout ce temps, tu aurais pu facilement y mettre un terme…

Tu ne l'as jamais fait. Même après. Ce fut toujours moi qui prenais mes distances et toujours toi qui, en ingénue, faisais le geste qui me ferait replonger.

À chacun de ces moments, je te haïssais plus encore, je te haïssais de me ramener toujours à t'aimer.

Ce jour-là, à Paris, ça n'avait pas été différent. J'étais arrivée à l'heure convenue et je t'avais vue bien avant d'être à ta hauteur. Tu étais fidèle à mes souvenirs, magnifique et audacieuse. Mon compagnon était venu avec moi. C'était étrange, je te le concède, mais je n'avais pas la force de venir t'affronter seule. Parce que c'était un affrontement, nous étions d'accord ? Chacun de tes charmes tenterait de me pousser à l'erreur, à me révéler plus que je ne le voulais. J'avais besoin de courage pour te résister.

Ton sourire en m'accueillant faillit me faire perdre d'emblée. Je dus prendre sur moi pour t'embrasser sur la joue et ne pas te voler un baiser. Il aurait eu le goût de l'interdit, sans doute aurait-il laissé une aigreur défendue sur mes lèvres…

Tu avais tellement insisté pour me convaincre de venir et pourtant tu me parlas à peine ; tu ne me regardas pas plus. Était-ce la présence de mon ami qui te faisait réagir ainsi ? Je ne le pensais pas… Et puis si c'était le cas, rappelle-toi que c'était toi qui avais dit ne même pas envisager une femme dans ta vie, tu n'espérais tout de même pas que j'attendrais pour le reste de mon existence que tu changes d'avis ? Tu connais la chanson de Barbara ?

« J'ai beau t'aimer encore, j'ai beau t'aimer toujours,
J'ai beau n'aimer que toi, j'ai beau t'aimer d'amour,
Si tu ne comprends pas qu'il te faut revenir,
Je ferai de nous deux mes plus beaux souvenirs,
Je reprendrai la route, le monde m'émerveille,
J'irai me réchauffer à un autre soleil,
Je ne suis pas de celles qui meurent de chagrin,
Je n'ai pas la vertu des femmes de marins. »

Toi non plus pas vrai ? Tu n'étais pas du genre à attendre sagement qu'on se décide pour toi ? Quelqu'un t'avait-il seulement un jour brisé le cœur ? Je suppose que non.

Mais j'étais là, ce jour-là, et j'avais désormais l'impression que c'était pour rien. Mon cœur s'emballait sans relâche. Tu avais ta tête des mauvais jours, encore. Tu étais là pour le travail aussi, visiblement, ça t'ennuyait. Ces gens qui tournaient autour de toi te tapaient sur les nerfs. Tu avais juste envie d'être seule, que cette journée finisse, que tu puisses partir pour tes vacances. Ça se voyait. Je notai que Viviane n'était pas là. Et que c'était une autre femme qui t'accompagnait. Toujours une femme… Autant pour Viviane je ne craignais rien, autant pour celle-ci, je me sentais méfiante et jalouse. Elle était très jolie en plus, plus que moi cette fois. Et elle était la seule personne que tu regardais. Son regard brillait chaque fois qu'elle te souriait. Le tien pétillait tout autant. Tu avais donc un cœur, quelque part sous toute cette glace.

C'était trop pour moi. Ta froideur à mon égard, mon compagnon qui voyait bien que jamais je ne le regarderais comme je te regardais toi, cette femme qui avait la complicité que tu m'interdirais toujours…

J'avais fui. Je ne t'avais rien dit, sans plus attendre, j'étais partie. J'avais marché à vive allure dans les rues de Paris. Sans but précis. Je voulais juste m'éloigner de toi, de tout ça. Je déteste cette ville en plus, je ne savais où aller, mais ça n'avait pas d'importance.

J'ai marché jusqu'à ce que cette furieuse envie de hurler s'estompe. Ça a pris un certain temps.

Puis je suis revenue, vers toi. Je suis restée quelques instants à te regarder, de loin. En songeant que j'aurais tout donné pour un peu d'intimité. Pour t'emmener avec moi hors de cette salle bondée, pour t'embrasser passionnément contre la portière de la voiture, pour que tu me dises *« monte ! »* et pour que nous partions, à deux, loin, sans nous retourner.

À la place de cela, voilà que je te souhaitais un bon voyage avec ton amie, une agréable fin de journée, que je te disais qu'il était temps pour moi de rentrer.

Nous nous séparions et je sus cette fois, au plus profond de moi, que ce serait pour de bon. Nous ne nous reverrions jamais.

C'était notre adieu, c'était mon deuil de cette histoire qui n'existerait pas, et tu n'en savais rien.

Mon compagnon me proposa de flâner un peu dans Paris avant de rentrer. Je n'en avais pas envie, mais après la journée que je venais de lui imposer, j'estimais que je pouvais au moins faire ça. Il me dit simplement que tu étais idiote de ne pas voir à quel point je t'aimais puis nous ne parlâmes plus du tout de toi.

J'avais beau faire tous les efforts du monde, je ne parvenais pas à apprécier quoi que ce soit de ce que nous visitions. Tout me semblait terne, sans saveur, voire désagréable.

J'essayais de sourire, mais il me connaissait, pas une seule seconde il ne fut dupe.

Puis, Notre-Dame. Le soleil donnait une belle couleur à la façade. Pendant quelques minutes, je me sentis mieux. Ce quartier me plaisait finalement. Je ne détestais donc pas tout dans Paris. Je m'assis sur un banc et me laissai aller à poser ma tête sur l'épaule de mon compagnon. Ce n'était pas de la passion lui et moi, pas comme avec toi. Il y avait surtout de la tendresse. Je réalisai que ça avait largement tout autant de valeur. Je l'aimais lui aussi. C'était étrange de se dire que l'Amour pouvait prendre des formes si différentes.

Je trainais les pieds quand nous nous remîmes en route.

— Tu en as marre, énonça-t-il comme une évidence.

Oui, j'en avais marre.

Alors il n'insista pas et nous rentrâmes, chez nous, loin de toi.

Tout le long du trajet, j'avais pleuré en silence. Et

tout le long du trajet, il n'avait pas lâché ma main.

J'ai de la chance. Peu nombreuses sont les personnes qui sont capables de ce geste. Qui peuvent sécher vos larmes alors qu'elles sont destinées à quelqu'un d'autre.

Voilà. Comme prévu, toi et moi, nous ne sommes plus jamais revues.

Il paraît qu'il n'est jamais trop tard, mais ça ne dépend plus de moi. Nous nous sommes contentées des banalités d'usage : Nouvel An et les anniversaires. Nous n'en avons oublié aucun. Parfois, encore, lors d'un trop long silence, tu me demandes si tout va bien. Je me suis toujours demandé ce que tu répondrais si je te disais que non, que ça n'allait pas, parce que tu me manquais.

Même si nous le voulions, je suppose que nous n'aurions rien à nous confier. Du moins, rien de neutre, rien qui ne puisse s'écrire en somme.

Ou si, peut-être que dans tout ce que je viens d'écrire, il y aurait certaines choses dont nous pourrions parler. Peut-être juste te demander si tu te souvenais de ce foutu lac et de ses libellules…

Ma vie a bien changé depuis lui… Il y a eu tout ça, toi, mon compagnon, ce texte…

J'ai choisi de faire mon coming-out. Je l'ai fait alors que je suis en couple avec un homme. Toi, non, évidemment. Alors qu'il y a toujours une autre femme que moi pour te regarder ainsi… La vie a un humour particulier.

Quoi d'autre ?

Ah si, le point central, la cause de ceci. J'écrivais tout à l'heure que rien n'avait été prémédité, c'était vrai. Tout s'est décidé et a basculé au printemps dernier.

Un peu avant Paris, j'avais commencé à travailler

pour un journal. Bien que cette partie ne te concerne pas vraiment, sache que je m'y sens bien. Et puis, il y a de cela quelques semaines, notre rédac chef a annoncé son projet de concours d'écriture interne. J'ai vu quelques collègues se renfrogner, moi, j'ai sauté de joie.

Deux jours plus tard, le thème nous fut communiqué : une nouvelle sur une rencontre de voyage. J'ai hésité à y voir le hasard ou le destin. Je n'ai pas choisi et ce n'est pas important.

L'important fut dans le fait que, à la seconde même où le thème avait été annoncé, j'avais su que tu serais présente. Je t'avais revue au bord du lac d'Ohrid et j'avais compris quelles phrases je devais écrire.

C'est bientôt ton anniversaire, je crois. Non, en fait, j'en suis sûre. J'avais pensé t'envoyer des fleurs…

Un joli bouquet. Les fleurs veulent dire tant de choses. Mais pour tout ce que j'avais à dire, il aurait fallu un mélange insensé. Des roses rouges, du jasmin, des narcisses, des pavots, du myosotis bien sûr et bien d'autres choses.

Et puis, j'ai eu beau essayer d'écrire très petit, tout ce que j'avais à dire, ça ne tenait pas sur la carte.

Alors, je t'ai envoyé cela à la place. C'est moins décoratif que les fleurs, mais au moins tu sais tout.

Je me demande si tu as rougi en lisant certains passages, si ton imagination a eu l'audace de t'entraîner sur d'autres chemins que ceux que nous avions tracés. Ça ne me déplairait pas que tu te sois égarée, ne serait-ce qu'un peu, par ma faute.

Qui sait, peut-être que ce que tu y découvrirais pourrait te plaire.

Ne sois pas fâchée, tu l'as dit toi-même : imaginer, ça reste mon métier…

𝕮atherine,

Ma Belle, mon indomptable... Cela fait si longtemps maintenant. Des mois et bien plus que je n'avais pas repris la plume, pour toi. Le temps a filé, les jours ont passé depuis mon texte et ta réponse. D'heure en heure, un mois, puis six, et douze. Plus d'un an déjà, tout est différent et pourtant sur le fond, rien n'a vraiment changé. Tu ne crois pas ?

La dernière fois que je t'ai écrit, j'avais repensé à ce jour-là, à Paris. À ton dernier sourire derrière le volant, au regard pétillant de ton amie, au tien, brillant, perçant, brûlant. Me brûlant. Et j'avais marqué cette scène comme notre dernière entrevue. Seconde et pourtant dernière. Le destin devait-il être à ce point cruel pour t'avoir mise sur ma route puis pour te retirer à moi si tôt, si vite ?